바람의 씨앗

이분자 제3시집

바람의 씨앗

초판1쇄 발행 2023년 7월 10일

지은이 이분자
펴낸이 이길안
펴낸곳 세종출판사

주소 부산광역시 중구 흑교로 71번길 12 (보수동2가)
전화 463－5898, 253－2213~5
팩스 248－4880
전자우편 sjpl5898@daum.net
출판등록 제02-01-96

ISBN 979-11-5979-590-9 03810

정가 12,000원

본 도서는 Korean Artists Welfare Foundation 한국예술인복지재단에서 2023년
창작준비금지원사업-창작디딤돌 지원을 받아 발간하였습니다.

바람의 씨앗

이분자 제3시집

세종출판사

시인의 말

날마다
시를 잉태하고 싶다

수평선 끝이나
지평선 끝이나
아스라이 사라지는 뜬구름이 아니라

든든하게
뿌리 내리는 바람의 씨앗을

여름의 초입에 쓰다

나림 이분자

차례

제1부

제2부

제3부

제4부

제5부

제6부

제1부

재생하라, 봄

지난해 관심이 소홀했던지
화초마다 부실하여
봄이 시들하다

화분에 착 달라붙어
성장을 잊은
다육이

공기만 먹고도 쑥쑥 자랄 거라는
내 얄팍한 지식에
고스란히 치른 혹독한 나의 과오

서둘러 정지된 심장에다
햇살의 길을 내고
회생을 기도한다

메타스퀘어 길

– 유엔묘지에서

도심 속에
기립하는
산소 같은 숲길

푸르게
푸르게
물감을 풀어
도화지를 채운다

먹이가 풍부한 연못에는
오리 떼 유유히 부리를 내젓고

키 큰 나무는 창공을 이고
새들이 자유롭게 둥지를 트는 곳

목마른 풀잎처럼
단비를 꿈꾸며
숲길에 발을 들여놓으면

내가 나무가 되어
숲의 초록이 되어
도시의 산소가 되어 돌아온다

도시의 바람

도시 한복판에 우뚝 서 있는
건물과 건물 사이로
으스스한 귀신바람이 나래를 칠 때면
도시의 호흡은 정체되어
모래처럼 건조하다
구석구석 파헤친
재건축에 난개발까지
서민을 울리는 바람
귓불이 얼었다가 녹았다가
댓잎처럼 차갑게 느껴져도
한철
지나갈 계절풍이기에
이유를 묻지 않는 측은지심이다

바람의 씨앗

자연 발아한 떡잎 두 장
심은 기억 없는데 어디서 왔을까
양지바른 곳에
토닥토닥 옮겨 심고
사흘, 나흘, 닷새, 그리고
내 손자가 정성으로 성공한 물주기에
제대로 뿌리 내렸다
어깨를 으쓱거릴 만하게
잎사귀 풍성해진
꽃
여름을 한창 잘 보내더니
성큼 다가온 가을에
황금빛 건강 줄기가 눈부시다
찬란 넘치는 황홀 눈부심
넝쿨째 들어온 호박의 처음 거처를
바람은 알고 있겠지
생기 돋아라,
씨앗을 쓰다듬는 바람결을 타고
유리창을 건너온 달빛도
함께 찬연하다

추억의 사과

빨간 사과껍질을 깎아
가로세로로 조각을 내어
접시에 담을 때면

반으로 자른 사과를 숟가락으로 싹싹 긁어서
입에 넣어 주시던 할머니가 생각난다

냉장고 없던 그 시절 내 어릴 적
할머니는 오래오래 예쁘고 붉은 사과를
손주들에게 줄 심산으로
겨 속에 묻어 겨울 지나고
여름이 오는 동안까지 깎아 주셨다

쪼글쪼글 늙어서
할머니를 꼭 닮았던 그 사과
할머니의 사랑처럼 맛있고 아삭했다

나를 아껴 주시던 그 사랑
잊을 수 없는 그 맛을
나의 손자 손녀들에게도 들게 하여
추억을 전수하고 싶다

사월이 오면

골목길 휘돌아
사월이 오면

진달래 분홍 가슴
산허리에 타오르고

유채꽃 노란 텃밭에는
종달새가 지지배배

고목나무 하얀 입술에도
초록 꽃망울이 조롱조롱

베르테르의 편지를 읽는
나의 시를 쓰고 싶다

오월에

날마다 지나는 골목길 옆
한옥 담장을 무대 삼아
장미꽃 군무가 있다

오월의 짙은 향기에
떠나간 친구 생각이 애틋이 피고 있다

아무 준비가 없던 이별
천둥과 벼락이었는데……

장미 꽃밭 오월에 활짝 웃고 선
희야, 자야가 있다

세월은 숫자를 높이며
이마에 주름을 만드는데

사진 속에 내 친구는
변함없이 어여쁜 스무 살
꽃송이로 생글생글 웃고 있다

겨울 나들이

겨울 나들이에서
원대리 자작나무 숲을 만났다
눈부시도록 맑은 날
눈이 먼저 와 있다

눈을 닮은 하얀 목피에 감탄하며
속살도 저리 맑을까
자작자작
몸과 마음을 태우는 소리를 들으면서도
어쭙잖게
물음을 던졌다

대답이듯
하얗게
하얗게
덮인 눈을 떨어내는 소리에
화들짝 놀라는 나의 귓전에다
자작나무 숲은
지구가 숨 쉬는 소리를 들려준다

마법의 바다

밀려갔다
밀려오는
신기한 바다다

마법을 부리는 건
무엇일까

하늘 한 번 쳐다보고
바다 한 번 쳐다보고

어느 날 보면 밀려가 있고
어느 날 보면 밀려와 있고

아무리 꺄우뚱거려도
출렁출렁 파도를 타며
푸른 노래를 부르는 바다

아이가 보는 바다
가만 안 있어
궁금한 마음에 날마다
할미 손, 할미 발걸음을 이끌고 있다

아, 알겠다

손자의 심심을 털어내기 위해
옆으로 걸으며
“뭐가 생각나?”
“아, 알겠다, 게구나”

두 손바닥을 쫙 펴서
옆으로 걷는 시늉을 하면
“아, 알겠다, 게구나”

“할미, 나 뭐게?”
옆으로 뒤뚱뒤뚱
“아, 알겠다, 게구나”

아가야, 앞으로 너의 미래
“아, 알겠다”
그렇게 통하면 좋겠다

용궁 이야기

마을 입구 수족관
물고기들은 지느러미를 치며 해초 사이를
헤집고 다녀서
바다 이야기를 들려주는 영상이다

반복되는 관람이지만
날마다
그 수족관을 보자고 보채는
손자의 울음을 달래려면
입장료 없이 달려가면 응급처방이 충분하다

물고기가 주둥이를 뽀뽀거리면
다섯 살배기가 아는
바닷속 용궁은 뽀뽀하는 곳으로 아는지
뽀뽀다, 뽀뽀다
손뼉 치며 좋아하는 귀염이 더 예쁘다

오늘도 한낮에 잠이 내려와
보채는 폼을 잠재우려면

바닷속 용궁에 사는
물고기를 보러 가든지
귀를 쫑긋쫑긋 세우게 하는
이야기 작가가 되어야 한다

해녀

해녀는
거꾸로 바다에 들어간다

수면에
깃발처럼 흔들리는 발바닥

수직으로
바닥을 뚫은
머리카락을 숨긴 해녀

발바닥을
바다 깊숙이 밀어 넣고
숨비소리 모은다

해안선 위에서

해안선을 탔다
할미와 손자는 멀미도 없다

어려운 이야기를 들어주는 것처럼
바다의 파도 소리를 듣는 다섯 살

다섯 살이 듣는 파도는
어떤 소리일까

밀려갔다
밀려오는 파도

아이의 생각이 궁금한 파도
끊임없이 왔다 갔다

낙지

머리는 커다랗고
눈은 둥글둥글
둥근 지구에서 살았다고
지구를 닮았다

긴 다리
짧은 다리
허우적거려도
잡히면 찰거머리처럼 짝 붙는 것도

돌아가는 지구에 살려면
찰거머리보다 더 찰싹 붙어야지

뻘 속에 살았으면서도
백옥같이 흰 것은
바다에 살면서
시대를 먼저 사는 것을 배우고 나왔다

하얀
반질반질
중절모 하나 쓰면
딱 신사다. 바다의

게

옆으로 걷는 게
두려움이 많아서 그렇게
걷는 줄 알았는데
렌지 속에
그대로 넣고 타임을 돌리면
두꺼운 껍질은 전자파를 따돌린다나?
익힐 때는 거꾸로 발랑 뒤집어서 돌리면
잘 익는다나?
바다에서 살면서
원자핵 속에서 사는 법
미리 터득한
게
옆으로 걷는 것도
뜻이 있다는 것을
바다는 알고 있을 거야

제2부

도크

바다의 꿈이 있다
항해의 꿈을 키우고 있다

크고 작은 배를 올려놓고
단장해야 하는 무수한 것들
맞추고 끼우고 쪼이고
빈틈이라도 생기면
용납하지 않는다

바다를 다룰
배를 건조할 때
절단하고 붙이는 것을
게을리하지 않는 것은
고운 바다의 선을
부드럽게 닮기 위해서다

바다를 휘어잡을 용병을
생산하는 것이 아니다
바다를
잘 아는 배,
예전보다 훨씬 우둥한 근육을 위해
연마나 숙련을 하는 곳이다

해무, 그 우울

바다가 냉랭하다
차라리 출렁거리면
무슨 이야기가 있는가 보다 하여
해안선으로 달려가 보기도 하겠지만
도통 수면 위에 아무것도 없다
하얀 물갈퀴만 분주한
해무의 아침이다

내 고향, 바다 글

하얀 칼라에 파이프를 물고
빼끔담배를 피우는 영화의 주인공
검든지 하얗든지
수염은 있을수록 멋있어 보였다
나의 고향 밀양에서
보이지 않던 바다
바다에는 멋쟁이 마도로스만 있는 줄 알았다
동해의 끝
해운대를 천천히 물질하는 배 위에서
희끗희끗 떠오르다 사라지는 그때 그 생각
어릴 적도 아니고 갈래머리시절도 그랬으니
어처구니가 없다
그러나 막연해서 더 그리웠던 바다
내 고향은
항상 상상하게 하여
나에게
바다를 쓰게 했다

지심도 가던 날

1.

바다가 잔잔한 만큼
갈매기 떼 유혹도 대단하다
새우깡 한 봉지 뜯는
나의 유혹을 눈치 챈 갈매기
난간에 내려앉았다
새우깡 한 봉지 뜯는 소리가 컸나 보다

2.

동박새 기다리는
섬, 저만치
바다 닮은 하늘빛 에메랄드빛
하얀 포말에 뒤따르는
바닷새, 갈매기의 길

3.

동백꽃 붉은
봄,
지심도 안에 있다
통·통·통
봄이 피는 소리
지심도 안에 있다
붉은 꽃부리 동백꽃의 섬

갈매기 떼 앞서거니 뒤서거니 그곳에 간다

태국에서

적도를 지나는 태양
바다의 짠물을 고르고 있다
산호의 부이를 거꾸로 타고
바다를 베고 누웠다
하늘에는 웬 산호섬들이 그리 많은지
셀 수 없는 산호섬 덤불이다
나는 바다의 산호가 되어
하늘을 베고 누웠다

액자

몇 해 전
해양시를 생각해 봤다

아이가 조를 때마다
보여 준
마을 입구 수족관 앞에서

내 마음속에 갇혀 있는
바다를 보았다

출렁거리기만 하고
틀을 벗어나지 못하는
바다는

아무도 갖지 못하고
나만
가질 수 있는 액자 속의 바다였다

낮에 본 풍경

눈꺼풀 위로 밤이 뒤척인다
아멘
아멘
꿈결처럼 기도 소리 들려온다

나는
곧
길이요 진리요 생명이라는
예수님의 말씀을 전하는
어느 목회자의 설교에
감동을 쏟아내는 관중의 눈물

낮에 본 풍경을
영상처럼 풀어놓고
하얗게 태우는 밤

긴 몸부림 끝에
별빛 조용히 커튼을 내린다

바다는

참치를 잡든
오징어를 잡든
바람의 오고감도 저어하지 않는다

바람이 분다
눈뜬 파도가 절절히 날뛰지만
있는 그 자리
그대로 있는 바다다

바람아,
너는 지나만 가면 되는 것을
왜 그렇게 흔드느냐고
분주한 물새들의 날갯짓이 간섭할 뿐

바다는
파도의 푸른 날개가 되어
파도의 꿈을 꺾지 않는다

오륙도

다섯 개인지
여섯 개인지
세지 마라
볼 적마다 보이는 대로 말하라
다섯 개라고 말해도
여섯 개라고 말해도
맞고 틀렸다고 시비 걸지 않는
그것이 매력이다
오 · 륙 · 도

가자, 바다로

수영복과 수경 튜브가
배낭 속에서 출렁댄다

손자 등에 따개비처럼 붙은
배낭이 출렁댄다

이것저것 안전을 챙기라는
할미의 소리는 잔소리

입을 삐쭉거리는 손자처럼
삐쭉삐쭉 출렁댄다

철없이 설쳐대면
가슴이 콩닥콩닥

수영장 가는 길은
바다 가는 길

출렁출렁
콩닥콩닥
가자, 아가야
너의 바다로

풍랑주의보

어진 사람이 화내면
물불 가리지 않는다는 말이 있다
바다는
우리들 삶의 맨 아래 살면서
온 천지의 아우성을 수용하다가도
뜬금없이 카드를 내놓기도 한다
귀 기울이지 않으면
느닷없이 침몰할 수 있다
우리의 위안이 흔들리는 날
바다의 카드를 잘 보고 다가가야 한다
엇, 풍랑주의보?
이럴 때
바닷가에 뿌리를 묻고 있는
바위 위에도 서면 안 된다
바다도 제 식구 챙기기가 바쁜 때
어진 바다 탓하지 말고
근접하지 마라

두 여자 福

물고기를 기다리는 밥상을 차리기 위해
눈치 빠르게 자갈치로 달려갔다
펄떡거리는 시뻘건 아가미 따는 아지매
로또를 그저 주는 듯이 자랑이다
복이 많아서 자기한테
내가 착 걸렸다나 뭐라나 자랑 일색이다
복 많은 속에서 손 본 물고기
가져가는 아지매 福, 또 福이다
보통 福이 아니라는데 기분 좋을 수밖에
福 많은
두 여자
물고기 맛 제대로 알기는 안다

노櫓

노는 바다의 연필이다
저으면 새로운 물결이 일고
저으면 새로운 글을 짓는다
옛날 노 젓던 그 시절 조상님들
모두 글 짓는 글쟁이가 아니었을까
사진 속에 보이는 커다란
저 놋대
얼마나 글을 써서
저렇게 반들반들 닳아졌을까
손때 묻은
저 연필
하도 신기해
보고만 있어도
출렁출렁 나오는
바닷속
글글글
풍덩!
글 속에 빠진 바다가 되었다

비 오는 날의 바다

비 오는 날에는
바다의 주변 것들이
살아서
펄떡인다
웅크리고 있던
갯바위는 검은색을 더 덮어쓰고
얼굴을 달리하고 나오면
나는 장화를 신고 갔어도
미끄러지고 미끄러져서
비가 되고 만다
수면 위에는
쉴 새 없이
점찍어 대는 비바람에
통통 살아나는 살갗
늙어가는 것이 아니라
젊어가는 바다
비 오는 날에 바다에 가면
어제처럼
젊은 바다를 만난다

명태 이야기

내가 이물 없이 요리해 먹는 것이
생태다
이름대로 갖가지 해 먹으려면
요리사가 아니면
감히 제대로 다 맛을 낼 수도 없다
이름이 많은 것도
참 다행이다
명태를 먹으면
속이 시원하고
제사상에 오르는 황태가 상징하는
돈처럼 구릿빛 황태,
돈은 바다에 많은 것일까
그렇지 않으면 어렵게 오는 게
돈이라는 것일까
먼 바다에서 왔다고 해도
손님이 아니다
우리들의 누구네 집 부엌에서도
보글보글 잘 끓는다
제 속을 먼저 끓이고 왔기에

민들레의 봄

돌담 아래 노란 민들레
봄 길을 걷고 있다

긴 하루를
서두를 것도
바쁠 것도 없는 소풍

척박한 오지에
한 알의 홀씨로 날아들어
손꼽아 봄이 오기를 기다렸지

긴 겨울의 그림자를
사력을 다해 툴툴 털고
이룬 둥지

이른 아침부터
여유롭게
봄나들이가 즐거운 꽃이다

제3부

바다 여자

갯바위에 뿌리 내리고
머리를 푼 여자

미역이란 이름으로
종일
바다의 특권을 누리는 여자

토닥토닥
파도의 마음 달래주며
사랑을 기다리는 여자

그믐달
까만 밤
별빛에 젖는 여자

나이

늘 걷던 오르막길에서
문득 저항하는 심장 소리를 듣는다
앞만 보고 걸어온 삶 속에서
경계를 잊은 탓인가
지나온 길 돌아보니
윤슬에 데인 듯
발바닥이 화끈거린다
잠시
알약 하나로 쉼표를 찍고
다시 나서는 길
또 하루를 등에 메고
생生이 이끄는 대로
기쁘게 따라나선다

백일홍

피고 지고
또 피어 한창 붉어
백일을 향한 변곡점의 한여름에 한창 붉다

백일을 향한 염원으로
소멸되는 하루는
축제의 길로 향하는 꽃불

영원히 붉으면
어찌 백일홍이라 이름 하였을까

이 지상에서 가장 찬란한 꽃
고개 숙이는 거룩한 그 광경
들녘을 장식하고

당신의 젖은 손은 고소한 햇밥으로
저녁을 차릴 때
그때가 붉은 꽃 다 지는 피날레, 즐겨야 하리

해당화

바다를 바라보고 사는
미인의 잠결은 온화하여
파도 소리마저 고요하다

거친 바다 끝에 서 있을 적에
무장한 군인이거나 경찰이거나
생각하던
그때는
태풍 속이었으니까

너를 몰랐다

연분홍 꽃잎 고요히
바닷바람을 흔들며
파도의 향기를 끌어들이고 있다

불꽃축제에서

불꽃은
허공에서 피어
바다로 떨어졌다
인파의 환호성이 되레 불꽃이 되어
하늘로 치솟아
별을 숨겼다
환호성에도 섞이지 못한
나는
별을 찾아 헤매다
작은 배 위에서 데굴데굴 구르며
솟아오르는
은빛 반짝임을 보았다

출렁, 바다야

바다에 푹 빠졌다
출렁, 소리에
한참 헤맸다

뭍에서 듣지 못한
경쾌한 소리
꿈길인가 잠결인가

바다야, 바다야
출렁,
누가 그 소리 흉내 낼 수 있을까

해양을 향해 달려가는 일이야
누가 뭐랄까
출렁, 바다의 문학에 푹 빠졌다

뭍

파도는
바다 끝을 날마다 달려온다
순할 때도
성날 때도
평안할 때도

모래는 모래대로
소리를 내어 주고
자갈은 자갈대로 제 목소리를 내고
바위는 어쩌자고 침묵을 소리로 내놓는가
소리, 소리, 소리 내주며
기다리는
뭍
바다와 이어진
바다 끝에서
종일 파도를 기다린다

섬

뭍이 그립다
수평선 너머 뭍이 그립다

바다가 그립다
더 너른 바다

물결은 왔다가
낯을 가리고

떠나면
더 낯선 물결이 오고

물결도
나처럼

더 큰 섬이 그리울까
왔다가 떠나가면
다시 오지 않는 걸

아무리 둘러봐도
어제 본 바다는 없고
어제 본 물결도 없고

언제나
혼자

뭍이 그리운
나는 섬이다

울릉도 가는 길

파도가 잠잠한 날 잡아
길을 탔다
뱃머리를 돌릴 때는
가슴이 부풀었다
휙
안면을 바꿀 줄 몰랐는데
울렁울렁 나는 멀미의 처방에
드러누웠다
달랑 여행 가방 하나가
무슨 큰 빽인 줄 알고
용왕님의 다스림 앞에
소문대로 정해진 날에 돌아오기란
하늘에 별 따기라더니
바다는 그 나름대로 규칙이 있는 것
같았다
비 눈치
바람 눈치
다 소용없다는 것을
울릉도 뱃길을 타 보면 안다

바다에 내리는 비

바다에 비가 내리면
수면은
빗방울 무늬를 만든다

내가 즐겨 입었던 원피스에도
어김없이
바다의 빗방울 무늬가 선명했다

비 오는 날
가끔 바다 곁으로 간다

바다는
빗방울을 찍어댄다고
출렁대기도 하고
엎질러지기도 하고
타다닥
타다닥

바다에 내리는 비
파도를 찍는다

매물도

매물도가
명물인지
발 디딜 틈이 없다

바위에 걸터앉아
낚시라도 던지면
모를까

파도의 입질이
바위를
훑는다

가끔 바다를 척척 비비는
바람은
갯바위 냄새를 확 풍기며

매물도에는
명물 아닌 것이 없다는 듯이
나그네도 갯내음이 된다

이기대에서

좀 세찬
바닷물에 밀려 넘어지면서
지구가 비뚤어졌다는 것을 실감했다

태평양 물살이 궁금하다

너른 태평양이 보고 싶다

내항을 빠져나가는 외항선이 밀어내는 파문

바위를 때리고 달아나며 울리는 뱃고동 소리

얼-떨-떨 바다를 캐는 바람
짜다

바위에 허연 햇살의 껍데기가 반짝이고 있다

그랬을 게다

신화시대에서부터
바다에는 바람이 있었을 게다
그 이전부터라도 있었을 게다
자연발생적인 바람 속에
바다는
잠시도 쉬지 못하고 출렁거리며
살아가는 것을 견뎠을 게다
밀물과 썰물의 끊임없는 순환이
번민이라 해도 오래도록 살아오려면
그래야, 그래야 했을 게다
저 반짝거림은 무엇인가
바람의 숨,
바다의 숨,
아직도 성장하는
순수한 역동성을 규칙적으로 보이는
것 또한
신화시대에서부터
그 이전부터
그렇게, 그렇게 하며 살아왔을 게다

해적

쓰나미가 몰려온다
티브이 속
긴급 뉴스로

해안선은 무너지고
아비규환은 파도가 쓸어간다
벽이 없다
해안선은 이미 바닷속으로 침몰하고

물 밖으로 도망쳐 나오는
파도
바다가 흔들린다
지구가 움직이는 것보다
더 빠르게

뭍에서 살던 것들
밭에 있던 그것들은 이미 쓰러지고
뿌리는 발을 동동거리고
나이테를 자랑하던 나무는
바다에 낚이어 간다
해적이다
저, 쓰나미!

제4부

동화책을 읽어 주다

손주에게 동화책을 읽어 주다가
함께 바다 탐험을 한다
생긴 것이 다르니까
이름도 다 달라
아이는 혀가 돌아가지 않아서 잘 모르고
할미는 가끔 잊음을 자연스럽게 하니까
잘 모르는 것도 있지만
오늘은
둘이서 함께
밍크고래 앞에서 한참을 논다
손주는 크고 멋있다고 좋아하고
나는
엊그제 뉴스에서 본
그물에 걸린 밍크고래가
경매되던 광경이 떠올라 가슴이 아프다
잠시 머문 그 생각을 털어버리는데
손주는 동화책을 읽으라고 성화를 부리고
고래는 등을 내주며
타라고
타라고
성화한다

우영이의 등굣길

하얀 운동화 뽐내며
으쓱으쓱
학교 가는 길에는
참새들이 짹짹
응원을 한다

뛰어 볼까
폴짝
가벼운 장난에
참새가 짹짹
응원가를 부른다

채은이 그림

줄기 위에
활짝 핀
동그란 얼굴

도화지에
태어난
알록달록 꽃

색색으로
물들인
무지개 빛깔

다섯 살
꽃이 본
꽃 세상 활짝

광안리의 여름

뙤약볕 즐기는 모래사장 끝
8월의 바다는 에메랄드빛

가로선 광안대교 현의 곡선에
햇살의 낙하
눈부신 여름

노래로 다가오는
파도
파도여!

더위를 찍어내는
발자국
군무에

갈채를 보내려면
더
뛰어오라

아정이

내 꺼야!
내가 해!
고집부리다가도
찐, 찐, 찐, 찐, 찐이야!
울려 퍼지면 리듬에 맞춰
온몸을 흔들흔들, 좌로 우로
아슬아슬 돌기도 하며
찐, 찐, 찐, 찐, 찐이야!
크게 외치는 우리 아정이
이십 개월 된 우리 집 귀염둥이다
눈만 잘 마주쳐 주면
쌩그그르 웃는 깍쟁이
필이 꽂히면
"같이 해!"
앙증스러운 한마디에 누구든 요지부동이다
물고기의 지느러미보다 부드럽게
또 흔들흔들
모두가 나이를 잊고 흔들흔들
마법의 공주다
우리 집 작은 공주

구슬치기

거실 바닥에
옥구슬 구르는 소리로 요란하다
정 많은 할아버지의 심판 아래
실랑이하는
두 손녀의 깜찍한 구슬치기
"내 꺼야"
"아니야, 내 꺼야"
불꽃이 튈 때마다 수난을 겪는 건
금발머리를 한 마루인형의 몫
뺏고 빼앗겼다 돌아와서 안기고
돌아서면
살가운 눈빛 주고받는 채은이와 아정이지만
게임에는
명승부를 하려는 의지가 투명하다
할아버지의 심판에
못마땅한 입술이 뾰루퉁
복숭아 볼이 실룩실룩
예쁜 짓 삐짐에
행복이 또르르 종일 굴러다닌다

생일상에 피는 꽃

오래 끓여 뽀얗고 진하다
진국이 된 미역국 한 그릇의 감칠맛
며느리의 첫 손맛이 우려낸
정성이다
비비고 부치고 고소한 깨 냄새
향기롭게 받쳐 든 쟁반 위에
며느리에게 보내는
시어머니의 칭찬도 양념이다
기다리지 않을 만큼 적당한 때
손녀 안겨 준 귀여움을
물려받은
손녀, 아정이의 8개월은 귀염뭉치다
예순세 번째 생일상에 피는 꽃
행복이다

말씀

무더운 6월 어느 날
햇살에 아침이슬 사라지듯
당신의 이승 길을 거두고 떠나신
아버님!
평소 귀담아 주신 말씀
나날이 살아 들어와 마음에 닿으니
그리운 마음 다스리기에 벅차
눈시울 적시는 날입니다
“하루를 백 년같이 살더라도
백 년을 하루같이 살더라도
인생은 폭이 아니요 길이도 아닌
진정성이 깃든 깊이라” 하시며
몸소 행하실 땐
때로는 가슴이 무겁기도 하였는데
생전의 당신 모습
그 말씀 있으셨음에 회환은 깊어져
우옵니다
당신의 영전 앞에서

어머니의 눈물

창문에 부딪치는 소낙비
어두운 장막 속을 깨고 있다
요양병원에 계신 어머니의 절규이듯 하여
잠들지 못하고
유리창의 눈물이 되어 흐르는 밤
이승과 저승과의 경계선은 험난하여
당신의 눈물은 굵은 빗줄기보다
더 굵을 것 같다
만남이 코로나19에 점령당한 줄 모르고
기다림에 얼마나 지쳐 있을까
비야
소낙비야
잠시만 한 번만 정말 한 번만
참지 말고 두드려라
오락가락하는 어머니의 세계가
저 먼 곳이 아니라
이곳임을 알고 편하게 기다릴 수 있도록

긴 머리 자르던 날

거울 앞에서

내가 낯설다

싹둑 싹둑
가위 소리에
눈물 글썽이던 머리카락

빗질하던 손이
어깨 위에서 슬프다

안녕~
안녕~

추억의 강가에
전설 실은 종이배 하나

거슬러
거슬러
노를 젓는다

큰언니 오는 날

까치 울음소리가 창문을 뚫는 아침
반가운 손님맞이에 들뜬 소프라노
집 안팎을 부지런히 빗질한다
사는 동안
나를 위해
귀 기울여 주고
고개 끄덕여 주고
이해한다고 말해 주고
웃으면서 손잡아 주고
언제나 내편이 되어 주고 있는
큰언니 오는 날
기다리는 목을 쭉 빼고 골목길 쳐다보기를
수십 번 하며, 차리는 밥상
모락모락 김을 올리며
아지랑이 같은 봄을 소환하는 중이다

종남산의 봄

집 앞 종남산에
활활 꽃불이 났다
그때는
세상에서 제일 높았던 산
너무 높아서
희야, 자야도 오를 엄두
못 냈다
어느 해부터
내 나이 한 살씩 더할 때마다
아래로
아래로 한 계단씩 내려와
청춘을 함께 즐겨 주던 산

정상을 지배하며 우뚝 섰던
회화나무 한 그루
이제는
전설처럼 되었어도
4월의 능선을
분홍빛으로 물들인 진달래 꽃물결
그때처럼 고운
종남산의 봄이다

생각에 기대어

낙엽 뒹구는 길목에 서서
늦가을의 물결이 깃든
달을 보며 상념에 든다

짚 한 줌
사랑 한 줌
씨줄로 날줄로 손수 엮어
여미어 준 외투
포근함에
시리던 가슴이 사르르 녹았지

달그락달그락
바람 소리와 함께
깊어가는 가을밤

가까이 느껴지는
초가지붕 밝히던 고향의 얼굴
물든 달빛이 곱다

여유 한 잔

언제부터인지
커피타임은
멀리할 수 없는 일상의 대면이다
생각이 복잡할 때나
가슴이 답답할 때에나
가장 가까운 곳에 마주 앉아
따뜻하게 위로의 말 건네주고
향기로 고독을 견제해 주는 벗
지금은
나를 위해 배려 받은
선물 같은 시간
밝은 하루를 열기 위해
여명의 시간에 커피를 끓일
물 끓는 소리를 듣고 있다

제5부

송홧가루 날리면

구만산은 4월이면
송홧가루로 잔치를 하고
몸살을 앓는다.

마을로 내려오는
노란 가루에
원성을 사는 바람은
늘 나그네 격이다.

어머니의 난시와 근시가
4월이면 도져서
안경알이 튀어나올 정도로
하루 종일 닦아대며
마음을 채근한다.

이맘때면 마을 사람들은
임진왜란 이야기를 하며
모두를 살린 산이라고 말하지만

구만산은
시절이 변한 것을 한탄하는지
뿌옇게 멀어져 앉아 있다

옥희

대문 안에 들어서면
마당 가득
불도화가 등불을 켠다

작은어머니 가시고 비어 있는 작은집
지켜 준 심지가 고운
꽃
기다렸다고 말을 건네는
옥희의 마음이다

엄마 생각날 때마다
친정집 드나들며 심고 가꾸었다는
꽃
사촌동생 옥희

작은어머니 대신
열여덟 살, 그때처럼 청순하고 예쁜
옥희가 웃고 있다

연꽃

– 조계사에서

해탈의 경지를 어찌 알까

서울 한복판 사찰 조계사
사문의 뜰에는
오백 개의 작은 연못 화분 속에
깊이 뿌리 내리고 사는 연꽃
혹서의 계절에 땡볕을 기도 삼아
피어 있다

미동 없는
바람이 약속한 여름
법당으로부터 흘러나오는 목탁 소리
청정한 국토를 닦고 있는데
나는
꽃에 반했는지
아니, 연꽃에 반했다고 할밖에
변명이 없으나

굽어살펴 주소서, 등줄기에 흐르는 땀을

나무

나무는
억수같이 퍼붓는 비를 맞고도
쓰러지지 않는다
때때로 불어오던 비바람을 견뎌낸
맺집이다
먹구름은
먹구름이 가는 길을 갈 뿐인데
놀랐던 가슴은 잎새를 움츠리게 했다
기다리면 지나갈 바람을 두고
얼마나 가슴을 졸였는지
가만히 그 자리에 뿌리를 박고 선
가족,
푸른 생기를 언제 적부터 받았는지
이제는 의연하게 나름의 가지를 뻗고
섰다

가을 랩소디

밤잠 설치는 나뭇잎 소리
바람길 따라 방황하다가
와닿은 시월 끝자락
투명한 하늘빛에 드러나는 별
가을을 시작했다
옷깃을 세워도 시린 한기
별 하나에 뜨거워지기를 그리워하는 단풍
물들어가는
지금
성숙을 위한 통증이다
벼가 익는다
감이 익는다
수확을 앞두고
햇살의 진솔한 방언들이 들판에 출렁출렁 내려앉고
바람의 손끝에서 그려내는
무늬,
여물어가는 한 생애를 올곧게 채색한다

추석날

우주를 비추는 보름달이 떴다
밝혀 주고
다독여 주고
자식들의 마음 구석구석을 환하게 비쳐 달라고
나도 모르게 주문한다
숯불에 구수하게 익는
삼겹살이 메인이 된
현대판 추석밥상을 마주하고
아들 보고 웃고
딸을 보고 웃고
즐거운 저녁상에서
바빴던 하루의 피로를 씻는다
어머니!
어머니도 그랬을 것이다
자식지킴이 한평생
자식바라기 한평생
길어진 목
당신 탓이라도 좋은 자식들
보고 있어도
그리운 달빛 아래다

추어탕

솜씨 좋은 언니의 추어탕은 소문났다

통 크고 일 잘하기로 소문난 둘째 언니가 끓여준
추어탕, 현관에 들어서자마자
그 맛이 진동이다

우직한 손으로 큰 솥 가득
싱싱한 단배추에 야들야들한 숙주나물 듬뿍 넣고
칼칼한 청양고추, 다진 마늘, 산초가루 고명 올린
시원한 맛
구수한 맛
보나마나 그 정성 눈에 선하여
따뜻한 마음을 먼저 선물 받았다

어렵다는 사돈의 입맛까지 사로잡았다는 그 손맛에
저녁상 고민하던 내 고민도 날아갔다

호접란

진분홍 날개를 편 꽃나비
우리 집 꽃 중에 으뜸이다

초봄에 올린 꽃대
가을까지 눈부시게 작열하여
무시무시한 태풍의 눈까지 따돌리고도
아무 일 없었다는 듯
마디마디 기립하여 피는 날갯짓
한없이 우러러본다

삼 년 전 이맘때
시상식이 있던 날
내게 무대의 향기를 안겨 주었던
그때 그 느낌으로 부르는
깊은 노래는
창공을 향해 퍼져 나가고

가을 하늘 아래 빛나는
푸른빛 날개가 찬란하니
이것은 나의 희망을 수락하는 일이다

홍매화

아직은 눈 시린 창공을 향해
꽃술 내밀고 있는 너

봄의 노래를 부르는
너를 보았다고 해도 되겠니?

숨겨놓은 보조개를 짓고
너를 배경 삼아
한 컷 한 컷

추억
꽃망울 터트리는
나도

너처럼
누구보다 앞선 노래를 부를 때가 있었지

어느 절에서 본 풍경

공양 몫으로 받은 백설기 한 조각
쫄깃쫄깃해도 퍼석퍼석해도
목구멍으로 집어넣는데
오 리나 십 리나 되는 이 느낌
울컥 터지는 눈물
너는 나를 보고서
나는 너를 보고서
슬픈 동공
세상의 불을 밝히는 염원의 경전
저마다 읽고 있다

만추의 산

손자 웃는 얼굴만
보아도
손녀 웃는 재롱만
보아도
그저 편안해 보이는
노부부
만추의 산처럼 아름답다
살아갈 나이가 많은
살아온 나이가 많은
많은 것이 같은
그러나
다른 것을
바람으로 느끼고 사는
노부부와 아이들과의
어울림
잔잔한 하루는
만추의 산
그
느긋함이다

선 방향으로 가는 우리

목적지는 달라도
같은 방향으로 가는 사람들
처음 본 얼굴이지만 낯설지 않다

눈이 마주치면
눈의 목례로 주고받는 인정은
같은 방향으로 간다는 것에
신뢰와 안정감이 전하는 본능이다

시간은 이미 거리를 재고 있다
나는 얼마쯤 가면 내릴 거야
당신은?

창밖은 신록으로 여름을 장식하고 있다
철거덕 철거덕

선반에 얹어 둔 짐을 내려놓고
스피커를 통해 흘러나오는 즐거운 안내에
나는 그리운 사람이
반가운 미소를 짓고 서 있을
방향을 생각한다

낭만 한 조각

꽃병에 핀 웃음꽃
날마다 웃어
날마다 봄이다

창가 햇살을 머리에 이고
사계절 피어 있는
개나리꽃
진달래꽃
목마름도 호소한 적 없어
보아만 주면
시들지 않는 조화의 낭만

노랑 꽃가지에 핀
분홍 꽃가지에 핀
눈짓 웃음에

가슴 설레어 날마다 춘삼월
날마다 봄이다

연등 나비

연등이 켜진
호수에
나비가 경을 읽고 있다
아침을 건너온 햇살이
어릿거리는 물 위에서 남실거리며
꽃을 찍어 대는 시간
우리는 여심을 살짝 숨겨놓고
숨을 죽였다
경이로운 풍경 속으로, 그의 나라로
경건히 합장을 올리고
각자의 연민에 들어가서 애상에 잠긴다

죽방멸치

남해 바다에 봄이 오면
은빛 꽃이 장관이다
눈이 부셔 뜰 수 없는 그 꽃 앞에
환호성을 보낼 수밖에
통 통 통
어장배가 신나게 바다를 뚫고
포말을 일으키면
기다림이 끝나는 시간
식탁에 비워 둔 큰 접시 자리에
왕림하는 죽방멸치에 분주해지는 젓가락질
누구 눈치 볼 것도 없이 바쁘다
기다리던 입맛에
뚝딱뚝딱 해치우고
다시 채우는 반복 속에
흥겨워지는 뱃노래 가락에
다시 오마
다시 오마
은빛 꽃 될 때마다…
은빛 꽃이 피는 바다가 출렁거린다

제6부

2020의 봄

매화는 매화대로 피었다 꽃 진 자리
벚꽃이 흐드러지게 꽃망울을 터트리고
봄을 불렀다
심드렁하게 보는 누운 길은
혼자 조용하게 오래도록 누웠다
꽃눈이 펄펄
4월의 천지에 떨어지며
부서지는 소리를 내고 있는데
아무도 말을 못하고 마스크로
입마저 막고 지나칠 뿐
어둡고 지루한
봄이었냐고
벚꽃나무의 옹이가 움푹 들어간
눈으로 휑하니 바라본다
무심한 코로나19가 기성을 부리는 봄
느릿느릿 예년에 없던 걸음으로 걸어 나간다
우리 집 이웃집 할 것 없이
빨랫줄에 마스크를 걸어놓고
일광욕을 시키고 있는
예년에 없던 우울한 봄 풍경이다

거리두기

만남이 거리두기로 소원해졌다
자연스럽게 주머니에 넣고 다니던
폰과도 거리가 멀어져서
하루에도 몇 번씩 눈 맞춤하던
그 안의 것들과 멀어졌다
마치 수도승의 하안거처럼
기도가 아닌
살림살이에 집중하다 보니
이것저것
눈에 걸리는 게 많다
기도에 들면
비워졌을 일인가 싶다가도
나의 속세는 번거롭다

구골나무 꽃향기

하얗게
별빛을 담고
먼 기억의 길목에다 징검다리를 놓는다

꽃잎 끝 가시의 장식에
나와 너의 추억은 촛불을 켜고
깊은 가을밤의 선잠 속으로

지새워가며 이야기해도
너의 향기를 따라가지 못해
베개 깃에 수놓아 너의 향기를 베던

조롱조롱 달린 꽃
향기를 따라 찾아온 천리 길

그때처럼
너의 머리맡에 나의 밤을 두고
하나둘…… 추억을 세고 있다

불똥이 화근

어디에서 튄 불인 줄 모르는 불똥
산천초목을 울게 했다

작은 불이든 큰불이든
자나 깨나 불조심이라고 외던 포스터
벽보판이던 그때처럼 지금도 하자

발을 동동 구르는 불구경
바람이나 하는 일이다

화마의 환란으로
집으로 돌아가지 못하는 사람들
숲이 사라진 상처와 함께 고통의 시름이 깊다

독도

창공이 밝아와
햇살이 뚝뚝 떨어져
태초의 바다가 열리는 날
대한만국 만세
대한민국 만세
선착장에 울려 퍼지는
사람들의 함성이 우렁차다
동해바다 한가운데 섬 독도
'독도는 우리 땅'
독도를 지키며 힘차게 휘날리는
태극기의 위상이 드높다
거센 비바람과 맞서면서도
'대한민국령'으로서의 건재함을 알리는
섬 섬 섬
바위틈마다 둥지를 틀고
지나온 역사를 노래하는
텃새들의 합창에
화답하는 유월이 찬란하다

촛대바위

– 울릉도

저동항 방파제에
철썩
처얼썩
촛대바위로 향하는 슬픔이 있다

바다에 어스름 깔리고
고깃배 하나둘 돌아오는데
아버지,
아버지,
우리 아버지
소녀의 기다림에 저물지 못하는 밤

등대는
육신을 바쳐 저 먼 길에서
수평선을 걷어가며
항구로 오는 길을 비추고 있다

한 땀 한 땀 달빛

달빛 내리는 하얀 밤에
국화꽃 향기는 더 짙다

한 땀 한 땀 수실로
꽃무늬 새겨 놓으시며
밤을 아끼지 않으시던 어머니
국화꽃 닮아 그 향기도 닮아

다시는
돌아오지 못할
외롭고
아득한 길을 가시며
마지막 인사를 하던 날
연지곤지에 명주옷 단장하셔도
고운 국화꽃 같아서

오실까 다시 오실까
영전 앞에서도 기다려지던 그날
이별은 무정하여 울음은
나를 적시고 말았다. 그 향기 속에

장미화원

지금은
말이 없는 전선
먼 이국 하늘 아래서
우방을 위해 스러져 간 전사의 묘역엔
장미꽃이 만발하다
그대들에게 드리는 이 향기가
붉어서 서러울 때
피다 만 꽃송이 앞에 젖는 눈물이다
아름다운 꽃이여!
이 땅을 위해 목숨 바친 숭고한 꽃이여
이 땅에 평화를 심은 영웅이시여
목숨과 바꾼 이 땅에서 영원한 자유 누리소서

일 년 내내 장미꽃이 피어 있는
여기, 장미화원 유엔묘지
영원한 그대의 정원은
365일 그윽한 향기로
그대의 영면을 비는 발걸음 끊이지 않는다

지리산의 선물

오롯이
품을 넓히는
산속을 걸어 오르니
숲은 주인을 닮아 푸르다

바람 한 점 없는 오후에도
숲 그늘은 시원하여
가는 길을 멈추면
등줄기를 흐르던 땀도 곱실곱실

등을 미는 햇살에
걸음을 천천히 재촉해 가며
가까워지는 정상을 향하여
두 팔을 폈다 접었다 한다

내 품 안에 들어오는
바람 한 줄기
아, 목젖까지 후련해지는 이 상쾌함
지리산에서 선물 받는 맑은 정화다

부석사에서

첫눈이 기다렸다는 듯이
소복이 쌓여가는 산사
인적도 고요하여 저절로 숙연해지는
마음은 법당을 향한다
향불에 정성을 들이고
포개져 있던 방석 하나를 들어내어
조용히 앉았다
'부처님 저 왔습니다'
일렀다 늦었다 하지 않는
그 안에서 일 배, 이 배…
백팔 번의 예를 올리고
한참 꿇어앉아
자비의 종성이 정토에 울리는
그 자리의
설경처럼
고해를 벗는 밤, 하얗게

어느 날, 내게 바다는

수도꼭지를 틀어놓고
손바닥 위에 비누를 사정없이 쏟아부어
물소리보다 더 크게 비벼
거품이 나도록
문질렀다

거품이 세면기에 가득 찼다

아, 바다가 일군
파도가
손바닥 위에서 출렁인다

손끝 지문이 읽은 하얀 바다에서
포문을 여는 뱃고동 소리
바다는
뱃고동 소리는
멀리 있지 않고
내 손바닥 위에 있다

여름 바다에 보내는 축사

에메랄드 바다 빛이 황홀한
여름,
더위를 씻는 군중의 노래가
즐겁다

출발지가 어딘지
서로 몰라도
눈만 마주쳐도 웃는 우리들

파도 떼 잔잔한
해안선 밖에서
뛰어노는 아이들 목청이 높다

바다여,
젊음의 바다여,
여름을 한껏 즐겨라

미륵포대화상

해동용궁사의 주말은
중생들의 발자국 소리 끊이지 않는다
짭짤한 정안수로
부처님 전에 합장하는
소원…
소원…
소원…
파도 소리에 사라질세라
조각조각 빠짐없이
주워 담고
넉넉하게 미소 짓는
미륵포대화상

| 평론 |

묘사의 美, 공간의 해답을 구하다

박미정 | 평론가, 문학박사

1

문학에서 발현되는 상상력은 인간과 사물에 대한 긍정적 사랑을 토대로 하는 일종의 자유정신이다. 이분자의 시는 긍정적으로 이야기를 풀어내는 시를 빚어내고 있다. 평범한 주제인 것 같으면서도 서정의 진솔성에 공감의 집착을 보인다. 그것에 자족하지 않고 시선이 보여주는 알레고리의 세계는 함께 경험하게 하는 단서를 제공한다. "토닥토닥/파도의 마음 달래주며/사랑을 기다리는 여자// 그믐달/ 까만 밤/ 별빛에 젖는 여자"(「바다 여자」 일부), "긴 겨울의 그림자를/사력을 다해 툴툴 털고/이룬 둥지"(「민들레의 봄」 일부), 그리고 "한철/지나갈 계절풍이기에/이유를 묻지 않는 측은지심이다"(「도시의 바람」 일부)라고 하여 그의 시는 상

황적 요인에 의해 일시적이지 않는 관련성을 주시하여 시인의 내적 의식과 병치시키고 있다. 그뿐만 아니라 "문득 저항하는 심장 소리를 듣는다/ 앞만 보고 걸어온 삶 속에서/ 경계를 잊은 탓인가"(「나이」 일부), "바람이 분다/ 눈뜬 파도가 절절히 날뛰지만/ 있는 그 자리/ 그대로 있는 바다다"(「바다는」 일부)에서는 물리적 상태와 움직임은 심리적인 영역까지 공간의 구축점을 설정하고 시각과 인식의 변화를 그대로 표상한다.

2

피고 지고
또 피어 한창 붉어
백일을 향한 변곡점의 한여름에 한창 붉다

백일을 향한 염원으로
소멸되는 하루는
축제의 길로 향하는 꽃불

영원히 붉으면
어찌 백일홍이라 이름 하였을까

이 지상에서 가장 찬란한 꽃
고개 숙이는 거룩한 그 광경
들녘을 장식하고

당신의 젖은 손은 고소한 햇밥으로
저녁을 차릴 때
그때가 붉은 꽃 다 지는 피날레, 즐겨야 하리

—「백일홍」 전문

이 시의 내용은 비교적 간단하다. 피고 지고를 반복하여 한창 붉은, 한여름 낭자하게 핀 꽃은 거룩하게 익어가는 벼이삭에 닿기를 염원하는 붉은 꽃의 길이라고 한다. 백일홍은 그저 피고 지는 것에 끝나지 않고, '백일'이라는 날을 정해 놓고 찬란한 꽃으로 피는 행위와 맞물려 희망에 관련되어 있으며 그리움을 표출하고 있다. "당신의 젖은 손은 고소한 햇밥으로/ 저녁을 차릴 때/ 그때가 붉은 꽃 다 지는 피날레, 즐겨야 되리"의 천명은 시적 주체의 희망이 무엇으로부터 기인한 것인지 알 수 있다. 주관적 내면의식이긴 하지만 풍요로운 유년, 혹은 어머니를 만나고자 하는 바람을 형상화하고 그리움의 패턴을 유지하려는 자아의 심리적 표상을 드러내고 있다고 본다. 대상은 다르지만 이분자의 다음과 같은 시에서 좀 더 분명하게 나타난다. "날마다 지나는 골목길 옆/ 한옥 담장을 무대 삼아/ 장미꽃 군무가 있다// 오월의 짙은 향기에/ 떠나간 친구 생각이 애틋이 피고 있다// 아무 준비가 없던 이별/ 천둥과 벼락이었는데…// 장미 꽃밭 오월에 활짝 웃고 선/ 희야, 자야가 있다// 세월은 숫자를 높이는데/ 이마에 주름을 만드는데// 사진 속에 내 친구는/ 변함없이 어여쁜 스무 살/ 꽃송이로 생글생글 웃고 있다(「오월에」 전문) 위 시에는 두 이질적인 세계가 병존한다. 그 하나는 "떠나간 친구 생각이 애틋이 피고 있다"로 표현되는 세계이다. 골목길 옆 현실의 이 세계는 오월의 짙은 향기가 있는 장미 꽃밭이 있다. 이곳을 지나치면서 "아무 준비가 없던 이별"로 표현되고 있다는 것은 심리적 상처가 얼마나 큰 것인지를 보여주고 있다는 데 반하여, 또 다른 세계인 "장미 꽃밭 오월에 활짝 웃고 선" 이른바 '천둥과 벼락'과 극명한 대조를 보이고 있음을 알 수 있다. 이러한 양상은 "서둘러 정지된 심장에다/ 햇살의 길을 내고/ 회생을 기도한다"(「재생하라, 봄」 일부)와 같은 일상적 현실의 세계를 구상하고 있는 시간을 의미하는 것으로, 또 다른 면에서 상상력의 공간을 넓히고 있다.

하얀 칼라에 파이프를 물고
빼끔담배를 피우는 영화의 주인공
검든지 하얗든지
수염은 있을수록 멋있어 보였다
나의 고향 밀양에서
보이지 않던 바다
바다에는 멋쟁이 마도로스만 있는 줄 알았다
동해의 끝
해운대를 천천히 물질하는 배 위에서
희끗희끗 떠오르다 사라지는 그때 그 생각

어릴 적도 아니고 여고시절도 그랬으니
어처구니가 없다
그러나 막연해서 더 그리웠던 바다
내 고향은
항상 상상하게 하여
나에게
바다를 쓰게 했다

—「내 고향, 바다 글」 전문

이러한 시에서 볼 수 있듯이 자아의 모습은 보편적인 상상력으로 이어져 있다. 그러면서 자아의 존립성은 흔들리지 않는 안정적이며 견고한 것으로 확보하려는 것일 때, 치열한 존재확보의 욕망을 담고 능동적인 것이다. 문학에 있어서 상상력이나 상상은 절대적으로 필요한 것이다. 시는 그야말로 상상력이나 상상을 통해 시를 구상하고 시의 흐름이나 윤곽을 잡고, 이에 따라 시를 써내기도 한다. 허구와 다른 상상력과 진실성을 전제로 한 것이다. 이분자 시인의 바다는 16행에서 4행을 할애하면서 영화에서 본 마도로스를 통해 환상적인 모티브를 가졌다. 그의 유폐된 "바다에는 멋쟁이 마도로스만 있는 줄 알았다"라고 하며 다시 상기하는 관계성은 전적으로, 실재적인 대상인 바다를 못 본 것은 여고시절 그랬다는 사실에 주목할 필요가 있다. 시인은 막연했던 바다를 상상하게 하며 글을 쓰게 한 고향을 아늑하고 자유로운 내적 영역으로 확보한다. 공간은 바슐

라르(G. Bachelard)적 의미에서 보호받는 내밀함의 이미지를 가지고 있다. “몇 해 전/ 해양시를 생각해 봤다// 아이가 조를 때마다/ 보여 준/ 마을 입구 수족관 앞에서// 내 마음속에 갇혀 있는/ 바다를 보았다// 출렁거리기만 하고/ 틀을 벗어나지 못하는/ 바다는// 아무도 갖지 못하고/ 나만/ 가질 수 있는 액자 속의 바다였다”(「액자」 전문)에서 액자 속의 액자가 내 마음의 바다라는 은밀함을 시인하고 있다. 하지만 액자로 위축시키고 있는 바다를 확장시키고자 하는 욕망을 “해양시를 생각해 봤다”는 탐구에 집약하고 있다. 일반적인 신념을 드러냄으로써 해답을 구하려 신화적 공간으로 글을 잇는다.

마을 입구 수족관은
물고기들은 지느러미를 치며 해초 사이를
헤집고 다녀서
바다 이야기를 들려주는 영상이다

반복되는 관람이지만
날마다
그 수족관을 보자고 보채는
손자의 울음을 달래려면
입장료 없이 달려가면 응급처방이 충분하다

물고기가 주둥이를 뽀뽀거리면
다섯 살배기가 아는

바닷속 용궁은 뽀뽀하는 곳으로 아는지
뽀뽀다, 뽀뽀다
손뼉 치며 좋아하는 귀염이 더 예쁘다

오늘도 한낮에 잠이 내려와
보채는 폼을 잠재우려면
바닷속 용궁에 사는
물고기를 보러 가든지
귀를 쫑긋쫑긋 세우게 하는
이야기 작가가 되어야 한다

―「용궁 이야기」 전문

우선 이 시에서 '용궁'은 암시성이 있다. 여기에서는 '수족관'을 대체하고 있으며, 용궁이라는 낱말 자체가 갖는 일상적인 의미를 유지하지 못한다. 하지만 할머니와 손자의 소망의식으로 새로운 환상으로 부상한 수족관은 심리의 굴절을 응급 처방하는 신화적인 이야기가 있다. 이는 순수감정에다 자아의 세계를 환치하는 조화를 이루었다. 시인은 이와 다르게 다음 시에서 "입을 삐쭉거리는 손자처럼/ 삐쭉삐쭉 출렁댄다/ 철없이 설쳐대면/ 가슴이 콩닥콩닥// 수영장 가는 길은/ 바다 가는 길"(「가자, 바다로」 일부)에서 의인법을 사용한다. '바다'는 손자처럼 삐쭉삐쭉 출렁댄다고 하여 순수한 정감의 맛을 더하고, 새로운 상상의 세계를 창조하는 힘을 가지고 있다.

3

자연 발아한 떡잎 두 장
심은 기억 없는데 어디서 왔을까
양지바른 곳에
토닥토닥 옮겨 심고
사흘, 나흘, 닷새, 그리고
내 손자가 정성으로 성공한 물주기에
제대로 뿌리 내렸다
어깨를 으쓱거릴 만하게
잎사귀 풍성해진
꽃
여름을 한창 잘 보내더니
성큼 다가온 가을에
황금빛 건강 줄기가 눈부시다
찬란 넘치는 황홀 눈부심
넝쿨째 들어온 호박의 처음 거처를
바람은 알고 있겠지
생기 돋아라,
씨앗을 쓰다듬는 바람결을 타고
유리창을 건너온 달빛도
함께 찬연하다

—「바람의 씨앗」 전문

이 시는 단순한 의문에서 출발하고 있다. "자연 발아한 떡잎 두 장/ 심은 기억 없는데 어디서 왔을까"라고 한다. 대상을 전제로 하고 있어 무엇을 향한 변화의 모색을 보이고 있으며 현실로부터 등을 돌리지 않는 데 있다. “양지바른 곳에/ 토닥토닥 옮겨 심고”의 행보는 외관으로 보이는 단순한 현상의 이면에 삶에 대하여 탐구하려는 삶의 의미를 찾고 있다. 시인이 궁극적으로 만나려고 하는 행복은 제대로 뿌리 내리는 길을 찾는 것이며, 그의 모색을 통해 넝쿨째 굴러온 호박의 처음 거처를 “바람은 알고 있겠지”라고 단정함으로써 생기 돋아라고 하는 실존의 목소리가 나타난다. 독자는 이분자의 시를 읽으면서 지혜로운 어머니상을 만난다. 시인은 서둘지 않고 정성을 다하는 삶의 균형감각을 잃지 않고 있으며, 뿌리를 찾는 일이란 떠들썩하게 존재를 부각시키는 것이 아니라는 것을 의미 있게 보여주고 있다. 일상의 구체적인 사건 속에서 자족적인 힘으로 타자와 함께 비상하는 자기 긍정의 세계는 지금의 현실세계에서 가장 필요한 것이 아닌가 여겨진다.

이러한 자기 긍정의 세계는 이분자 시인의 수수하면서도 독창적인 개성이 아닐까 한다.

다음 시에서는 시인의 정서가 현실에 대한 긍정의 인식을 보여주고 있다.

1.

바다가 잔잔한 만큼
갈매기 떼 유혹도 대단하다

새우깡 한 봉지 뜯는
나의 유혹을 눈치 챈 갈매기
난간에 내려앉았다
새우깡 한 봉지 뜯는 소리가 컸나 보다

2.
동박새 기다리는
섬, 저만치
바다 닮은 하늘빛 에메랄드빛
하얀 포말에 뒤따르는
바닷새, 갈매기의 길

3.
동백꽃 붉은
봄,
지심도 안에 있다
통 · 통 · 통
봄이 피는 소리
지심도 안에 있다
붉은 꽃부리 동백꽃의 섬

갈매기 떼 앞서거니 뒤서거니 그곳에 간다

—「지심도 가던 날」 전문

이분자는 구체적인 사건 속에서 자아의 균형을 회복하는 감각이 있다. 시인은 만나는 세계를 허술하게 하지 않으려는 마음을 견지하고 있고, 삶의 진정한 방향으로 가고자 하는 깊은 사색은 「지심도 가던 날」에서 심층을 보게 된다. 지심도로 향하는 바다의 전개에 있어서 갈매기 · 동박새 · 동백꽃 등이 봄의 도상에 있으며, 자연과의 동화를 통해 여행의 진정한 가치를 찾으려고 한다. 그렇기 때문에 시인이 만나고자 하는 공간은 현실 속에서 삶에 대한 풍요한 사색을 도모한다. "목마른 풀잎처럼/ 단비를 꿈꾸며/ 숲길에 발을 들여놓으면// 내가 나무가 되어/ 숲의 초록이 되어/ 도시의 산소가 되어 돌아온다"(「메타스퀘어 길」 일부)에서 시인의 사색이 지향하는 것은 항상 긍정적이며 행복으로 향하고 있다. 그러면 그가 바라는 행복은 무엇일까. 언제나 조용함이 먼저 떠오르는 시인의 이미지이듯이 요란하지 않고 잔잔하다. 그리고 그 잔잔함은 진정성을 찾는 일이다.

4

바다를 바라보고 사는
미인의 잠결은 온화하여
파도 소리마저 고요하다

거친 바다 끝에 서 있을 적에
무장한 군인이거나 경찰이거나
생각하던

그때는
태풍 속이었으니까

너를 몰랐다

연분홍 꽃잎 고요히
바닷바람을 흔들며
파도의 향기를 끌어들이고 있다

—「해당화」 전문

시인의 의식세계는 바다를 서정적 공간으로 지향한다. 시 전체에 해당화라는 단어가 없다. 시인은 주제의 이미지 생성을 위해 상상하게 하는 시적 방법론을 사용하여 1연에서 자연스럽게 2연으로 상상을 향하도록 유도하고 있다. 바다 끝에 서 있을 적에 군인, 경찰로 생각할 만큼 용감해 보였다는 것은 해당화에 대한 찬미의 노래가 아니라 스스로 찬미의 대상이었음을 전하고 있다. 시인은 모순의 형용을 원숙하게 다루며 3연에서 "너를 몰랐다"라고 하여 거짓이 아닌 진실을 토로한다. 그 한마디의 여운은 4연에서 연분홍 꽃잎의 미혹의 진지성으로 빠져들게 하며 주제가 전해 주는 의미를 넓혀 주목하게 한다. 그것은 "머리는 커다랗고/ 눈은 둥글둥글/ 둥근 지구에서 살았다고/ 지구를 닮았다// 긴 다리/ 짧은 다리/ 허우적거려도/ 잡히면 철거머리처럼 짝 붙는 것도// 돌아가는 지구에 살려면/ 찰거머리보다 더 찰싹 붙어야지// 뻘 속에 살았으면서도/ 백옥같이 흰 것은/ 바다에 살면서/ 시대를 먼저 사는 것을 배우고 나왔다"(「낙지」 전문)에서도 시 전체에 낙지라는 단어가 없다. 당연하다. 그럼에도 독특하게 전해지는 것은 이미지를 드러내는 시인의 재치가 특별하기 때문이다. "바다의 꿈이 있다/ 항해의 꿈을 키우고 있다// 크고 작은 배를 올려놓고/ 단장해야 하는 무수한 것들/ 맞추고 끼우고 쪼이고/ 빈틈이라도 생기면/ 용납하지 않는다// 바다를 다룰/ 배를 건조할 때/ 절단하고 붙이는 것을/ 게을리하지 않는 것은/ 고운 바다의 선을/ 부드럽게 닮기 위해서다// 바다를 휘어잡을 용병을 생산하는 것이 아니다/ 바다를/ 잘 아는 배,/ 예전보다 훨씬 우등한 근육을 위해/ 연마나 숙련을 하는 곳이다"(「도크」 전문)에서도 도크라는 단어는 시 전체에서 보이지 않는다. 이미지만으로 추측해야 한다. 단순한 서술이 아니라 개연적 연관성을 갖고 목적을 향해서 나아가고 있으므로 어렵지 않게 찾는다. 묘사의 정확성 자체도 미적 쾌감의 특성을 느끼게 한다. 다음은 단시 세 편을 통해 묘사의 미를 함께 즐겨 보고자 한다.

①적도를 지나는 태양
바다의 짠물을 고르고 있다
산호의 부이를 거꾸로 타고
바다를 베고 누웠다

하늘에는 웬 산호섬들이 그리 많은지
셀 수 없는 산호섬 덤불이다
나는 바다의 산호가 되어
하늘을 베고 누웠다

—「태국에서」 전문

②바다가 냉랭하다
차라리 출렁거리면
무슨 이야기가 있는가 보다 하여
해안선으로 달려가 보기도 하겠지만
도통 수면 위에 아무것도 없다
하얀 물갈퀴만 분주한
해무의 아침이다

—「해무, 그 우울」 전문

③불꽃은
허공에서 피어
바다로 떨어졌다
인파의 환호성은 되레 불꽃이 되어
하늘로 치솟아
별을 숨겼다
환호성에도 섞이지 못한
나는
별을 찾아 헤매다
작은 배 위에서 데굴데굴 구르며
솟아오르는

은빛 반짝임을 보았다

—「불꽃축제에서」 전문

①의 「태국에서」는 "산호의 부이를 거꾸로 타고/ 바다를 베고 누웠다"의 진술을 통해 '렌즈'와 동일한 '눈동자'를 상상하게 하여 시의 맛을 드러내고 하늘을 동경하는 자발성을 확대한다. 그것은 그녀가 바라보는 애초의 기정사실이 거꾸로 누워 봄으로써 일상성이 달라지는 초월이 아니라 새로운 근원을 찾고자 하는 새로운 희망이다.

그리고 ②의 「해무, 그 우울」에서 "하얀 물갈퀴만 분주한"이라고 하여 냉랭한 바다에 대한 느낌을 직접 말하고 있다. 그러나 그 뿌리는 삶의 분주함이며, 현실적 어려움을 대신한 표현이다. 절박함이 은밀한 내적에 직면했다 하더라도 시인은 "해무의 아침"이라고 하여 아침의 계속성을 해무로 한계를 짓는 대범을 보이고 있다.

③의 「불꽃축제에서」 "환호성에도 섞이지 못한/ 나는/ 별을 찾아 헤매다/ 작은 배 위에서 데굴데굴 구르며/ 솟아오르는/ 은빛 반짝임을 보았다"의 자각은 위안으로서 자각이 아니라 축제의 자율성을 긍정적으로 보려는 자각이다. 그녀만의 시적 트릭인 것으로 보이며, 대상 자체가 즐거움이 아닐지라도 언제나 긍정성을 보려는 삶의 태도라고 하겠다.

5

이분자 시인의 시세계는 삶의 진정함이 무엇인가를 생각하게 한다. 그리고 작품의 주제(theme)가 대체로 혼돈스럽지 않다. 얼핏 보면 덜 매력적이다 할 수 있겠지만 그것이 곧 매력이라는 것을 읽어 나갈수록 알게 된다. 또한 올곧은 삶을 지향하기 위해서는 긍정적인 시각이 우선되어야 한다는 지침서와 같으므로, 결코 유의미한 방식으로 표현하지 않아서 시가 맑고 깨끗하다. 욕망을 지그시 누르면서 이루어내는 인내의 어머니상이 깊이 새겨져 있으나 드러내지 않아서 더 향기로운 시집 『바람의 씨앗』에서 「풍랑주의보」를 다시 꺼내 읽으며 시인의 깊은 사려를 만나고자 한다.

어진 사람이 화내면
물불 가리지 않는다는 말이 있다
바다는
우리들 삶의 맨 아래 살면서
온 천지의 아우성을 수용하다가도
뜬금없이 카드를 내놓기도 한다
귀 기울이지 않으면
느닷없이 침몰할 수 있다
우리의 위안이 흔들리는 날
바다의 카드를 잘 보고 다가가야 한다
엇, 풍랑주의보?

이럴 때
바닷가에 뿌리를 묻고 있는
바위 위에도 서면 안 된다
바다도 제 식구 챙기기가 바쁜 때
어진 바다 탓하지 말고
근접하지 마라